目　次

JN063271

1 キャンパスにおける ハラスメントの特徴と背景

1 誰もが行為者にも被害者にもなる可能性があります

　キャンパスの主な構成員は、学生、教員、役職員等です。

　ハラスメントの被害は、主に強い立場の者から弱い立場の者へ起きやすいと言われています。例えば、人事権を持った上司と部下、常勤教職員と非常勤教職員といった関係が挙げられます。

　一般的に、大学等においては、教員と学生の間で最もハラスメントが起きやすいといえます。教員は、卒業に関わる権限、成績を決める権限を持っているという点で、優位性（パワー）を持っているのです。この傾向は、修士や博士といった号取得に関わる点で、学部より大学院において一層顕著となります。また、非常勤の職員や学生であっても、教員から強い信頼を得ている人は、周囲からみると教員と同等のパワーを持つように感じられることがあります。

　次に、教職員間もハラスメントが起きやすい関係です。非常勤教職員であれば、継続雇用になるかどうかが、常勤である上司の権限で決まることもあるでしょう。常勤の教員間でも、師弟関係や役職の上下でハラスメントは起きやすいものです。特に教員間については、その後も所属する狭い専門分野の世界の中で、被害者は、行為者と顔を合わせることになります。トラブルを起こさないようにしないと、昇進や次の研究に影響するのではと心配し、ハラスメントに耐えざるを得ない場合も少なくありません。

　大学等の運営を担う役員（理事長、理事など）も、教職員に対して持つ権限を背景に、ハラスメントの当事者になることもあります。

4

2 なぜキャンパスにハラスメントが発生しやすいのでしょうか

●組織の固定化

　専門分野によっては特定の教員にパワーが集まりやすい場合があります。例えば、「この専門は○○先生しか教えられない」となると、理不尽な扱いを受けても、被害者は我慢してしまいがちです。耐えられなくなって指導者を変えようとしても、学内には他に専門の先生がいない場合もあります。

　また、教員と学生の間はもちろん、教員間においても教授、准教授、講師、助教といったヒエラルキーがはっきりしていて、構成員の立場が固定されていることもハラスメントの要因となりやすく、これにより問題がなかなか顕在化しづらい傾向があります。このような組織の中では、被害者が我慢をするうちに、精神的なバランスを崩して病気になり、パフォーマンスが落ち、自信を失ってしまいがちです。

●雇用形態の多様化

　大学等も、終身雇用制度を採るところが減少して、期限付き教員や有期雇用の職員が増えています。同じ仕事をしていても給与や福利厚生が違う、働ける期間が違うとなると、不公平感や軋轢が生じやすくなります。

　教員も短い期限付きの身分に対する不満を持っていると、目の前の学生に真剣に関わる余裕がなくなってしまいがちであったり、より弱い立場の人に不満をぶつけてしまったり、といったケースが見られます。

●学生の背景の多様化

　大学等に入学してくる学生の背景も多様になりました。大きな困難もなく入学してくる学生もいますが、中には家庭問題や自分の性格、これまでの人間関係の悩み、経済的困難などを抱えて入学してくる学生もいます。障がいを持った学生も入学してきています。また、多様な国々からの留学生も増加しています。特に外見は日本人と一見区別がつきにくいアジアからの留学生には、配慮が薄くなりがちですが、それぞれ違う背景や宗教、親子観、教育観、人生観を持っています。違いに気づき配慮しつつ接していかないと、気がつかないうちに人権侵害になってしまう場合があります。

●学生の就職活動の活発化

　学生は卒業後を見据えたインターンシップや就職活動におけるOB・OG訪問などで就学中から社会と接点を持ちますが、将来を左右するこの転換点で一般的に学生は弱い立場であり、ハラスメントの被害者になる可能性があります。就職活動は教育の一環ではないということで、大学の業務外として放置しがちですが、大学等の教員や上層部も「学生を守る立場」にあることを自覚し、学生への注意喚起や、被害者からの相談があった場合には相談に応じるとともに、先方企業等に対し事実確認など協力を求める必要があります。

　大学等のハラスメントの背景には、上記以外にも、教職員が教育・研究・報告・会議・雑用等の多岐にわたる役割を担う大変さや、上下関係を尊重する校風、建学の理念等様々な要因があります。時代の変化を考えず同じ指導方法を繰り返すことが、多様な学生にマッチせず、不適切な状況を生み出している場合もあります。

　これらに自覚的になり、大学等の上層部が意識的に問題対応や予防活動を行うことが必要とされています。

考えてみましょう
どんなパワーがあるでしょうか？

ハラスメントを起こす背景にあるパワー、すなわち権限や優位性は、キャンパスでの立場に伴って生じるものです。学内にいる者は、その立場によってパワーを持ち、その内容にも差があることを認識する必要があります。

教員、役職員のうち職位が上の者やベテラン、もしくは学年が上の学生はそれぞれどんな点でパワーを持っているのでしょうか。以下に、それぞれの持つパワーを挙げましたが、その他にどんなパワーがあるか考えてみましょう。

執行部（理事長・学長・理事等）が持つパワー

大学等の包括的な指揮監督、将来戦略・ビジョンの策定、予算配分・執行、組織変更、人事、教員の昇進　等

教員が持つパワー

成績評価、単位付与、論文指導、研究発表の機会付与、進路先・授賞・奨学金の推薦、非正規雇用教員の人事　等

職員が持つパワー

予算配分・執行、人事、各種事務手続き、物品・備品の手配・管理　等

上位者が下位者に、又は先輩が後輩に対して持つパワー（教職員・学生共通）

研究や論文の指導、物品・備品の管理や研究室・ゼミ内の庶務の指示、クラブ活動の運営、就活時のOB・OG　等

これらのパワーの濫用がハラスメントにつながるのです

2 キャンパスにおける ハラスメントの種類と その具体例

　キャンパスで起きるハラスメントには、どのようなものがあるでしょうか。一般の組織でも発生する「セクシュアルハラスメント」「妊娠・出産・育児休業・介護休業等に関するハラスメント（いわゆるマタニティハラスメント等）」、「パワーハラスメント」に加え、キャンパスという組織特性によって引き起こされる「アカデミックハラスメント」が挙げられます。

セクシュアルハラスメント

　一般に、職場のセクシュアルハラスメントとは、「職場において相手の意に反する性的言動を行うこと」、「職場において行われる性的な言動に対するその雇用する労働者の対応により当該労働者の就業環境が害されること」と定義することができます。厚生労働省によれば、職場において、労働者の意に反する性的な言動が行われ、それを拒否・抵抗したことにより、解雇や降格、減給などの不利益を受けること（対価型）、または、職場の就業環境が不快なものとなり、労働者が就業する上で看過できない程度の支障が発生すること（環境型）と分類されています。

　これをキャンパスに置き換えると、「**相手の意に反する性的な言動により、就学・研究・就業上の不利益を生じさせること（対価型）、または、就学・研究・就業環境を悪化させること（環境型）**」となります。

　セクシュアルハラスメントは誰もが行為者になる可能性があります。男性から女性、上司や同僚に限らず取引先や、学生・生徒、そして女性から男性への言動や同性間のものも含まれます。さらに、LGBT※等に代表されるような性的マイノリティの方への配慮も必要です。

　　※LGBT
　　　Lesbian（レズビアン、女性同性愛者）、Gay（ゲイ、男性同性愛者）、Bisexual（バイセクシュアル、両性愛者）、Transgender（トランスジェンダー、性別越境者）の頭文字をとった単語で、セクシュアルマイノリティ（性的少数者）の総称のひとつ。
　　　「電通LGBTQ＋調査2023」（dJサステナビリティ推進オフィス、調査対象：全国20〜59歳の個人57,500名）では、日本においてLGBTQ＋（LGBTとそれ以外の多様なセクシュアリティ）層に該当する人は9.7％であった。
　　　性的指向・性自認（Sexual Orientation Gender Identity: SOGI（ソジ））や病歴、不妊治療等の機微な個人情報について、本人の了解を得ずに暴露することも、職場におけるパワーハラスメントの3つの要素を満たす場合には、これに該当する（14〜15ページ参照）。

キャンパスにおける具体例

＜対価型＞

＊特定の学生・職員の私的な連絡先を聞いて、執拗に食事やデートに誘い、断られると、理不尽な叱責や成績上の不利益を与える。

＊上司や教員が、部下や学生と二人で居残るように設定し、夕食に誘い、断られると、不利な配置転換をしたり、罵倒したりする。

＊常勤の職員が、契約更新を条件に、非常勤の職員を飲食やホテルに誘う。

＜環境型＞

以下の言動により、就学・研究・就業環境を悪化させること

＊相手の容姿を話題にしてからかう。

＊職場や教室・研究室で、性に関する話をしたり、性的な魅力を比較するような言動をする。

＊学会や研究旅行・出張などで宿泊を伴うとき、指導と称して自室に誘い、性的な関係を持とうとする。

＊個人的な性体験について質問したり、自分の経験談を話す。

＊宴会の席で浴衣を着るよう強要したり、隣に座るよう強要する。

＊執拗に身体接触をする（手を握る、肩をたたく、ハグする、握手を何度も求める、髪に触るなど）。

＊SNSで同級生の性的な噂を書き込む。

＊研究室に、水着のポスターを貼ったり、猥褻な漫画を放置する。

＊公的な場でのPCのディスプレイに性的な画面を設定する。

＊不快感を催すようなしかたで、相手の身体を凝視する。

　なお、以下の例は、厳密に分類するとジェンダーハラスメントといわれるものですが、社会通念上セクシュアルハラスメントの範疇に含まれるとみなされます。キャンパスにおいてもこうした行為が横行することは許されないと考えるべきでしょう。

＜性的役割に関する決めつけ＞

＊「男のくせに」「女のくせに」「女子力をみせろ」など、ジェンダー・バイアスのかかった発言をし、仕事を差別する。

＊「おかまみたい」「ホモ」といってバカにする。

＊「女の子」「おばさん」「男の子」「おじさん」など、名前ではなく人格をおとしめるような呼び方をする。

＊「結婚しないのか」「子どもを生まないのか」等を話題にする。

＊性別により、不当に仕事を与えなかったり、昇進を差別する。 注)

注) 性別により仕事の与え方や昇進で差別することは、男女雇用機会均等法で禁止されており、明確に法律違反となります。

2 妊娠・出産・育児休業・介護休業等に関するハラスメント
(以下「マタニティハラスメント等」という)

　一般的に「**職場において行われる上司・同僚からの言動（妊娠・出産したことや不妊治療に対する否定的な言動、育児休業等の利用に関する言動）により、妊娠・出産した『女性労働者』や不妊治療をしたり育児休業や介護休業等を申出・取得した『男女労働者』等の就業環境が害されること**」をマタニティハラスメント等と言います。

　キャンパスにおいては「就業環境」を「就学・研究・就業環境」に置き換えれば、そのまま当てはまります。

　妊娠等の状態や育児・介護休業制度等の利用等と嫌がらせ等となる行為の間に因果関係があるものがマタニティハラスメント等に該当します。なお、業務分担や安全配慮等の観点から、客観的にみて、業務上の必要性に基づく言動によるものは上記ハラスメントには該当しません。

　マタニティハラスメント等は教職員に起きる問題と思われがちですが、海外では妊娠・出産を経験している学生も多数学んでおり、日本への留学生は、妊娠・出産に関する配慮や設備があることは当然と思って入学してくることが多くあります。外国からの留学生のみならず、日本人でも社会人になってから大学院に戻る学生も増えています。大学等の先進的な取組みが期待されます。

　マタニティハラスメント等には「制度等の利用への嫌がらせ型」と「状態への嫌がらせ型」があります。

キャンパスにおける具体例

＜制度等の利用への嫌がらせ型＞

＊「皆が忙しい時に、よく育休なんか取れるな」と発言する。

＊産休・育休に入る人に対し、直前まで残業させ、必要もないほど膨大な申し送り資料を作るよう命じる。

＊「男のくせに育休を申請するなんて、出世はないと思え」と言う。

＊「介護で休むなんて責任感がたりない」と正当な休暇を取らないよう示唆する。

＜状態への嫌がらせ型＞

＊妊娠・出産を契機に「辞職します」と言わせるよう不当に圧力をかける。

＊妊娠中の人に過大な業務負担をかけたり、休暇を取りづらいような言動をする。

＊本人の意向を無視して、大事なプロジェクト中は妊娠しないよう圧力をかける。

＊早朝・夜間のゼミ等に参加できない育児中や介護中の学生を指導しない。

＊「仕事（研究）を辞めて介護に専念したら？君のかわりなんてたくさんいる」と本人がいづらくなるような発言をする。

＊育児中や介護中の教員に、あえて夜間講義を担当させる。

＊本来約束されていたポストから不当に外される。[注)]

注) 妊娠・出産や育児休業・介護休業の取得等を理由に役職を外したり、処遇を変更したり、不当な異動をさせたりすることは、不利益取扱いとなり、男女雇用機会均等法または育児介護休業法違反に当たります。

3 パワーハラスメント

　職場におけるパワーハラスメントとは、以下の**3つの要素のすべてを満たすもの**を言います。（労働施策総合推進法* 第30条の2より）

① **優越的な関係を背景とした言動であって**

② **業務上必要かつ相当な範囲を超えたものにより**

③ **労働者の就業環境が害されること**

　職場内での**優越的な関係**とは、業務を遂行するにあたって、抵抗又は拒絶することが難しい関係を言い、上司と部下という役職上の優位性ばかりではなく、同僚や部下による言動であってもキャリアや技能、知識に差がある場合や、集団による行為等で抵抗や拒絶が難しいことなども優位性に含まれます。また、雇用形態の違いも優越的関係を構成する要素となります。

　業務上必要かつ相当な範囲を超えた言動とは、社会通念に照らし、明らかに業務上の必要性がない場合や、その態様が相当でないものを言い、業務の目的を大きく逸脱した言動や、業務を遂行するための手段として不適当な言動、行為の回数や行為者の数等が社会通念に照らして許容される範囲を超える言動を指します。

　就業環境が害されることというのは、身体的又は精神的に苦痛を与えられ、就業環境が不快なものとなったため、能力の発揮に重大な悪影響があり、就業に支障が生じることを言います。判断は、平均的な労働者が、就業する上で看過できない程度の支障があると感じるかどうかが基準となります。

　これをキャンパスに置き換えると、職務上の地位や、教員と学生といった身分の違い、先輩・後輩といった経験の差による優越的な関係等を背景に、適正な範囲を超えて、精神的・身体的苦痛を与え、就学・研究・就業環境を悪化させることとなります。

　どのような行為がパワーハラスメントに当たるかについては、厚生労働省の指針において、上記の3つの要素をすべて満たすことを前提として、次頁の6つの類型が示されています。ただし、この類型が職場のパワーハラスメントに該当しうる行為のすべてを網羅するものではなく、これ以外は問題ないということではありません。

*労働施策の総合的な推進並びに労働者の雇用の安定及び職業生活の充実に関する法律

職場のパワーハラスメントの行為類型

	行為類型	具体的行為	該当する例	該当しない例
1	身体的な攻撃	暴行 傷害	・殴打、足蹴りを行う ・相手に物を投げつける	・誤ってぶつかる
2	精神的な攻撃	脅迫 名誉棄損 侮辱 ひどい暴言	・人格を否定するような言動 ・必要以上に長時間にわたる厳しい叱責を繰り返す ・人前で大声での威圧的な叱責を繰り返す ・相手の能力を否定し、罵倒するような内容の電子メール等を複数者宛に送信する	・遅刻など社会的ルールを欠いた言動が、再三注意しても改善されない人に対して一定程度強く注意する ・業務の内容や性質等に照らして重大な問題行動を行った者に対して一定程度強く注意する
3	人間関係からの切り離し	隔離 仲間外し 無視	・意に沿わない者に対して、仕事を外し、長期間にわたり、別室に隔離したり、自宅研修させたりする ・1人に対して同僚が集団で無視し、職場で孤立させる	・新規採用者を育成するために、短期間集中的に別室で研修等の教育を実施する ・懲戒処分を受けた者に対し、通常の業務に復帰させる前に、一時的に別室で必要な研修を受けさせる
4	過大な要求	業務上明らかに不要なことや遂行不可能なことの強制 仕事の妨害	・長期間、肉体的苦痛を伴う過酷な環境下で業務に直接関係のない作業を命ずる ・新卒採用者に対し、必要な教育を行わずに到底対応できないレベルの業績目標を課し、達成できなかったことに対し厳しく叱責する ・業務とは関係のない私的な雑用の処理を強制する	・育成するために現状よりも少し高いレベルの業務を任せる ・繁忙期に、業務上の必要性から、当該業務の担当者に通常時よりも一定程度多い業務の処理を任せる
5	過小な要求	業務上の合理性なく能力や経験とかけ離れた程度の低い仕事を命じることや仕事を与えないこと	・管理職を退職させるため、誰でも遂行可能な業務を行わせる ・気に入らない者に対して嫌がらせのために仕事を与えない	・能力に応じて、一定程度、業務内容や業務量を軽減する
6	個の侵害	私的なことに過度に立ち入ること	・職場外でも継続的に監視したり、私物の写真撮影をしたりする ・性的指向・性自認や病歴、不妊治療等の機微な個人情報について、本人の了解を得ずに他者に暴露する	・本人への配慮を目的として、家族の状況等についてヒアリングする ・本人の了解を得て、性的指向・性自認や病歴、不妊治療等の機微な個人情報について、必要な範囲で人事労務部門の担当者に伝達し、配慮を促す

キャンパスにおける具体例－その1

<教育現場・職場の上下関係を利用したもの>

＊学生や部下の人格を傷つける発言をする。「こんなバカがよくこの大学に入れたな！」「お前は職場に必要ない」などと言う。

＊自分の好き嫌いだけで、部下や学生に辛くあたったり、周囲に悪口を言う。

＊特定の人にだけ不当に業務上必要な連絡を行わない。

＊教員が学生に対し、教育・研究と無関係な雑用や引越しを手伝わせたり、自分の子どもの家庭教師をさせたりする。

<数の優位性を利用したもの>

＊多数派の正規職員が少数派の非正規職員を無視したり、馬鹿にする発言を行う。

＊多数派の男子学生が女性教員を無視する。

＊多数派の女子学生が少数派の男子学生に不快な言動をする。

＊気の弱い上司に対し、部下が全員で上司を無視し、指示に従わない。

<能力の優位性に基づいたもの>

＊IT関係の仕事に詳しくない上司を、部下がみんなで馬鹿にし、業務上必要な指示に従わない。

<叱責・能力否定発言といった言葉の暴力・暴言>

＊ゼミ中に、みんなの前で罵声を浴びせたり、長時間の叱責を繰り返す。

＊「お前のような駄目な人間は大学を辞めてしまえ」と、人格を否定する発言をする。

＊学生の出身地や外見などを理由に、人格を否定する発言を行ったり、からかったりする。

キャンパスにおける具体例－その2

＜不可能な達成課題、長時間研究の強要＞

＊常識的に達成不可能な課題を強要する。

＊長時間・深夜までの研究・業務を強要する。

＊明らかに達成不可能な研究・業務を要求する。

＊時間を問わず、メールやSNSを使って学生に指示をしたり、返信を迫ったりする。

＜プライバシーの侵害＞

＊SNSで常に相手の位置を確認し、何をしているのかの報告を求める。

＊宗教や政治に関する個人的な考えを執拗に聞く。

4 アカデミックハラスメント

　キャンパスにおけるハラスメントとしては、セクシュアルハラスメント、マタニティハラスメント等、パワーハラスメントが代表的なものですが、特に**「教育・研究上の地位や優位性に基づき、相手の人格や尊厳を侵害する言動を行うことにより、その人や周囲の人に、身体的・精神的な苦痛を与え、その就学・研究環境を悪化させること」**をアカデミックハラスメントということがあります。その内容はパワーハラスメントと重なるところが少なくありません。

　また、その名称からわかる通り、アカデミックハラスメントの事例として認識されるものは、キャンパスで発生しうる教員から学生に対してのものや、権限を持つ教員から弱い立場にある教職員に対するハラスメントです。教員が教員に対して研究の妨害をする、成果を取り上げるといったケースも見られます。

　アカデミックハラスメントを定義し、対処を義務づける法律は、現在のところ存在しませんが、パワーハラスメントと同様に、民法上の不法行為等を構成し、損害賠償請求の対象となることもあります。たとえ、法的に位置付けられていないとしても、苦悩し、精神を害する被害者が出る以上、十分留意して対応する必要があります。

　キャンパスにおいて、右記の具体例以外にも対応しなければならないのがアルコールハラスメントです。一気飲みの強要等は、命の問題に直結します。新入生が亡くなったことにより訴訟事案も起きています。学生の命に関わる問題として、大学等は十分注意を喚起する必要があります。

キャンパスにおける具体例

＜叱責・能力否定発言といった言葉の暴力・暴言＞

＊「卒業させてやらないぞ」と繰り返し脅す。

＊教員が職員に対し、「職員だから頭が悪い」「職員は教員の言うことを聞け」等の発言をする。

＜指導放棄・無視＞

＊教育的指導を正当な理由なく行わない。

＊業務または就学に支障が出るほど、指示決定を遅らせる。

＊研究室・教室で人道的な問題が起きても対応しない。

＊研究室・ゼミのメンバーに、正当な理由なく関係の断絶を指示する。

＊研究室のメーリングリストから一人だけ構成員を排除する。

＜学位取得妨害・不認定＞

＊正当な理由なく卒業に必要な単位を認めない、論文提出を受理しない。

＊正当な理由なく進路に関する推薦状を書かない。

＊学位論文の提出に基準を著しく逸脱した条件を要求する。

＊基準を上回る内容であるにもかかわらず、学位論文を受理しない。

＊成績を不当に評価する、または無関係なことを評価に結びつける。

＜研究成果の収奪＞

＊本人の業績を不当に他人のものにする。

＊学生の未発表のアイデアや実験結果・論考を、自分のものとする。

＜進路への不当な影響力の行使＞

＊他大学、他研究科、他研究室への進学、移動を許さない、あるいはその誓約を求める。

＊個人の選択による就職先への不当な介入を行い、影響を行使する。

＜後輩の学生に対する影響力の行使＞

＊アルコール一気飲みの強要。

＊同じゼミ生に必要のない深夜の実験を強いる。

ハラスメント問題で問われる 行為者及び大学等の法的責任

キャンパスで起きたハラスメントについては、たとえ大学等が不問としたとしても、法的責任が行為者、大学等のトップ（理事長・学長）に生じる場合があります。

1 行為者に問われる法的責任

行為者は、被害者に対し、人権侵害、名誉毀損などにより、**民事上不法行為に基づく損害賠償責任**を負う可能性があります。

行為の内容によっては、行為者が**刑事責任**を問われる場合もあります。

2 大学等に問われる法的責任

●被害者が学生の場合

大学等と学生との間には、在学契約があります。この契約に基づき、大学等は学生に対し、**安全配慮義務**を負い、その一環として、就学環境を整備する義務を負います。ハラスメントが起こり、学生の就学環境が害された場合には、大学等は学生の就学環境を整備しなかったという点で、学生への在学契約上の**債務不履行責任、または不法行為責任**を問われます。

●被害者が被雇用者の場合

　大学等と教職員との間には、労働契約があります。大学等は事業主として、セクシュアルハラスメント、マタニティハラスメント等やパワーハラスメントに適切な対応をするために必要な措置を講ずることが義務づけられています。またハラスメントが起こり、教職員の労働環境が害された場合には、労働契約に基づく**安全配慮義務違反として債務不履行責任、または不法行為責任**を問われます。

●行為者が被雇用者や学生の場合

　被害者が学生であっても、教職員であっても、行為者が大学等の被雇用者であり、業務上で行われたハラスメントの場合には、大学等が事業主として使用者責任を問われる場合があります。また行為者が学生の場合であっても、大学等が**安全配慮義務違反**として**債務不履行責任、または不法行為責任**を問われる可能性もあります。

ワンポイント

ハラスメントが起こると行為者や大学等は以下のような法的責任を問われます。

＜行為者＞

刑事責任

行為の内容により以下のような罪に問われることがあります。

★刑法
　第176条　不同意わいせつ
　第177条　不同意性交等
　第204条　傷害
　第208条　暴行
　第222条　脅迫
　第223条　強要
　第230条　名誉毀損
　第231条　侮辱

★性的姿態撮影等処罰法
　第2条　性的姿態等撮影
　第3条　性的影像記録提供等
　第4条　性的影像記録保管
　第5条　性的姿態等影像送信
　第6条　性的姿態等影像記録

民事責任

損害賠償を求められることがあります。

★民法
　第709条　不法行為による損害賠償
　故意または過失によって他人の権利または法律上保護される利益を侵害した者は、これによって生じた損害を賠償する責任を負う。

＜大学等＞

民事責任

損害賠償等を求められることがあります。

★民法
　第415条　債務不履行による損害賠償
　第709条　不法行為による損害賠償
　第715条　使用者等の責任

★労働契約法
　第5条　労働者の安全への配慮

★労働安全衛生法
　第71条の2　事業者の講ずる措置

★男女雇用機会均等法
　第9条　婚姻、妊娠、出産等を理由とする不利益取扱いの禁止等
　第11条　職場における性的な言動に起因する問題に関する雇用管理上の措置等
　第11条の3　職場における妊娠、出産等に関する言動に起因する問題に関する雇用管理上の措置等

★育児・介護休業法
　第10条他　不利益取扱いの禁止
　第25条　職場における育児休業等に関する言動に起因する問題に関する雇用管理上の措置等

★労働施策総合推進法
　第30条の2　職場における優越的な関係を背景とした言動に起因する問題に関して事業主の講ずべき措置等

★代表者の責任
　国立大学法人法 第35条
　独立行政法人通則法 第11条
　私立学校法 第29条
　一般法人法 第78条　　　　　　　等

MEMO

ハラスメントをなくすために 一人ひとりが気をつけること

　一部の組織や担当者の努力だけでは、キャンパスにおけるハラスメントをなくすことはできません。以下のようなことについて、教職員一人ひとりが理解し適切な行動をとるとともに、学生に対しても指導・助言をしていくことが大切です。また、教職員間でも、互いの仕事を理解し合い、適切な距離感を持って、助け合うことが大切です。

1 行為者とならないために

●人権意識を持ちましょう

　私たちは、仕事をしに、または学ぶために大学等に来ています。気持ちよく仕事をするためには、何より個人としての尊厳を大切にしましょう。

　職場で特定の人を傷つける行為は、被害者ばかりか他の構成員の士気も下げてしまいます。また、仕事上の悩みを相談された場合、それを放置すると過労や精神的ダメージの原因となり、意図せずとも行為者となってしまうこともあります。それらを意識的になくすようにしましょう。また、学生は授業料を払って、学ぶために大学等に入学します。決して、教員の手伝いをするためや、教員に気に入られるために入学するのではありません。相手を罵倒し非難するまえに、自分の教え方を工夫し、伝わりやすいコミュニケーションを心掛けましょう。

●思い込みは危険 —複眼の大切さ—

　「自分はこのやり方で人を育ててきた」「この程度は許されるはずだ。自分が若い頃はもっと厳しい目にあってきた」「厳しく当たるのが教育である」という考え方は、自分の思い込みである可能性があります。全ての人にとって正しい教育などありません。相手の状況にあった指導を行ってこそ、初めて教育は成り立ちます。自分が行っていることが適切かどうかを確認するために学生や部下、同僚、後輩の意見をよく聴くことを心掛けてください。

　自分の意図、思いとは別に、相手が威圧感を受け、不快に思うことがあります。そして、下の立場の者や指導を受けている学生は、不快感や恐怖感を容易には表わすことができません。嫌われると不利益を受けると思うからです。自分がパワーの持ち主であることを自覚した上で、相手の立場や気持ちを尊重し、どのような言動がハラスメントになるか認識しましょう。

　自分の発言が思わず人を傷つけたと感じた場合は、たとえ自分が意図していなかったとしても、謝罪し、同じ発言をしないよう気をつけましょう。

●デートの誘いや性的な冗談・相手に触る行為への注意

　性的な冗談やデートの誘いは、軽い気持ちであっても、相手に複雑な葛藤をもたらします。断って自分に不利益（単位がもらえない、昇進に影響するなど）があるのではと思うからです。相手の曖昧な返事や笑いをOKだと勘違いするケースが多くありますが、曖昧さは、不利益を被る心配から生じるのです。このような不安な状況に同僚や学生を陥らせることは、職場・教育現場の不利益となります。

　また、相手の身体に触るなどの行為は、人によっては非常に不快に感じます。たとえ「良くやった！」という賛辞を込めていても、肩を叩かれる、肩を抱かれる、ハグされる、執拗に握手されるという行為は、こちらの意図とは違って相手をぞっとさせる不快な行為となり得ます。拍手する、言葉で褒めるといった、直接身体を触らない褒め方が無難です。たとえ、相手の具合が悪そうな場合でも、緊急の場合を除いて、できるだけ同性や親しい人に助けてもらうよう配慮しましょう。

●適切な指導を維持するために

　学生や若手研究者を育てるために、学習や研究への指導は必要なことですし、それを適切に行うことが教員の重要な役割です。また、職員間の業務指導についても、同じ視点が必要です。たとえ部下であっても、仕事をしに来ているのであって、上司の下僕ではありません。上司の仕事は、上の立場から仕事がスムーズに進むよう指示や応援をすることです。

　教員や上司の目から見て、学生や部下のあり方に対し、物足りなさや不満を感じ、指導を強化することが必要となる場合もあります。しかし、「君は小学生以下だ」「君の国ではそれが普通かもしれないがここでは違う」といった相手を不当に傷つける言葉や、大きな声を出して脅かす、長時間罵倒するといった行為は許されません。

　教員や上司も人間ですから、対応に苦慮する学生や部下、苦手と思うタイプの人がいるかもしれません。自分が感情的になりやすい相手と話す時には、言葉を発する前に少し深呼吸し、怒りをやり過ごした後、静かにゆっくり話すよう意識しましょう。また、それでもなお困惑や怒りがわく相手がいたら、その相手とうまく会話できている人から対応を学ぶこともできます。さらには、指導がうまい人に指導を委ねることもできます。

そのようにして、教員やスタッフが助け合いながら、多様な学生や部下にとってベストと思われる指導を模索しましょう。

　感情的にならないためには、ドアを少し開けて、他者に聞かれてもいいようにする、またドアを閉めて話さなくてはならない場合は、第三者が聞いているところを想像し、それでも恥ずかしくない言動を行うようにしましょう。

　伝えたいことは、冷静に温かくはっきり分かるよう指示しましょう。人によっては、長く話されるより要点を簡潔に言った方が理解しやすい人もいれば、細かく確認した方が理解できる人もいます。相手に応じたコミュニケーションをとることは、グローバル化の中では必須のスキルとなってきています。

　その上で、どうしてもコミュニケーションがずれてしまう相手がいたら、怒鳴ったり、脅かしたりせず、第三者に相談することも必要です。産業医やカウンセラー、ベテランの指導歴が豊富な教職員が力になってくれます。

2 被害にあわないために

●気が進まない場合は毅然と断る

　急に指導教員や上司、先輩から二人きりでの食事や仕事の後の娯楽に誘われると、断りづらいことがあります。勉強や業務上で必要なことかどうかが曖昧だからです。躊躇が生まれる状況では即答せず、少し考えてみましょう。「嫌われると面倒」「指導してもらえなくなるのでは」「断ると職場で冷遇されるのでは」という理由でおつきあいをすると、無理が生じ、だんだん大学等に行きづらい状況が生まれます。

　もし、はっきり断っているのに何度も誘われる、断った途端に指導してもらえなくなった、仕事で不利益な対応をされるといった事態になったら、すぐ相談窓口に相談しましょう。

●人格を否定されるような言動への対応

　教育指導上または職務遂行上必要がないにもかかわらず、人格否定に当たる発言をされたら、指導教員や上司、先輩であっても、不快であること、止めてほしいことを伝えましょう。

　例えば、あなたの性別、出身地、生まれた国、文化や家族、髪の色、宗教などについて蔑むような発言をされたら、不愉快であることを伝えましょう。それでも続ける場合は、意図的に人を不快にさせる行為として、相談窓口に相談しましょう。

●一人になるのを避ける

　例えば、ストーカーの被害にあっている場合や、特定の人が、職務遂行上必要がない
うえ、嫌がっているにもかかわらずあなたと二人きりになろうとする場合は、なるべく
一人になる機会を減らしましょう。職務上窓口対応をする際、特定の学生や職員に何度
もつきまとわれたら、上司や教員に相談しましょう。そのような際、上司や教員は、窓
口対応を複数で行うなど、被害者と行為者を二人きりにしない工夫をしましょう。個人
的なメールを執拗に送ってくる際も、上司や教員のアドレスをCCで共有し、二人きり
のやりとりをなくしましょう。また職場や学校の行き帰りが危険な場合は、事情を話し
友人や家族に行き帰りの道を一緒に歩いてもらったり、場合によっては、警察に相談し
警戒してもらう等、専門的なケアを受けましょう。

●仲間と一緒に環境を良くしていく

　ハラスメント問題で重要なのは、傍観者にならないことです。

　もし、特定の人が過剰な仕事を押し付けられて苦しんでいたり、仲間外れにされてい
たら、その状態を解消するように行動することが求められます。まずは、守秘義務のあ
る相談機関に相談することもできます。また、同じ言動を見聞きしている者同士で対策
を話し合ってもいいでしょう。

　人権侵害をひとつでもそのままにしておくと、それが許される行為であると認識され、
被害者が増える可能性があります。そのような環境では、人は安心して仕事や研究を行
うことはできません。また、チームのパフォーマンスも落ちてしまいます。被害者は傷
ついて出てこられなくなり、その人の分の仕事はみんなで分担するようになります。傷
ついた人が立ち直るには時間がかかります。組織全体が健全さを失ってしまいます。

　個人の健康を害さないためにも、組織が健全に機能するためにも、人間の尊厳を大切
にすることが重要です。

3 被害にあった時は

●速やかに相談窓口へ

　被害にあった際は、なるべく早く適切な窓口に相談しましょう。多くの大学等では、ハラスメントの相談窓口を設置しています。また、学外の相談窓口も法律相談、人権相談、労働相談、警察のサイバー犯罪相談など、多岐にわたって開設されています。特に、ストーカー、DVなど命に関わる事案は、早めに最寄りの警察に相談して対応してもらいましょう。

　また、「これは、パワハラに当たるのかわからない、アカハラに当たるのかわからない」といった自分では判断できない場合でも、まずは相談窓口に相談してみましょう。

●記録を残しておく

　問題を解決していくためには、いつ・どこで・どのようなことが起きたのかを時系列に沿って記録することが重要になります。解決に向けて調整を行ってもらうためには、調整の担当者が、事案の概要を把握するための資料が必要になります。また、職場や学校内で審議を求める際にも、調査委員会が事態を把握できるような資料が必要です。

　改めて資料を作成すると、被害を思い出し、辛い気持ちになる可能性があります。無理せず少しずつ作成し、あまり不安定になる場合は、保健管理部門や医師と相談しながら精神の安定を図りましょう。

　証拠には、会話の録音、メールの記録や日記、友人や同僚に相談したLINEのやりとりなどがあります。被害にあったことを忘れたい場合、これらを消去してしまって、後から事実確認が困難になる場合があります。不愉快なメール等はいったん迷惑ホルダーに入れたり、普段目にしなくて済むファイルに入れたり工夫しながら、証拠となる物は、必要な間は必ず保存しておきましょう。

4　管理・監督者として

●ハラスメントについての正しい理解・認識を持ち、問題に真摯に対応する

　まず、ハラスメント防止に関する大学等の方針を正しく理解し、その上で相談・苦情処理の体制や懲戒規定など、ハラスメントに関する体制を認識しておく必要があります。

　学生や教職員からの相談があった場合、初期の対応次第で問題の悪化を防ぐこともできます。まずは真摯に話を聴き、必要に応じて専門の相談窓口に対処をゆだねるなど、迅速に対応しましょう。

●人を誹謗中傷する風土を作らない

　研究上や業務上のことについて、活発な議論をすることと、特定の人を非難することは別です。研究上や業務上、必要なことかどうか、また話し方が威圧的になっていないか注意しましょう。また、その場にいない人の噂話や悪口を言うことが慣例化していると「自分も何を言われているかわからない」と学生や教職員の足が遠のく場合があります。このような風土を作らないことが大切です。

●情報が均等に周知されているかの確認

　職場や研究室の全員に知らせるべき情報を、誰か一人にだけ、意図的に回さないといったいじめが少なからず生じることがあります。

　大切な情報は、上司が信頼する一人の人に伝えるのでは不十分です。必要な情報が、構成員すべてに伝わるフローを作ることが大切です。

　また、留学生は言葉の問題があって、重要な情報が知らされていなかったり、なんとなく日本人だけで固まってしまって、結果仲間はずれのような事態になっている場合もあります。そのようなことが生じていないか留意し、みんなにとって平等になるよう配慮しましょう。

●自分とは個性の違うスタッフを大切に

　多様な学生が入学してくるようになりました。時には自分が対応に苦慮したり、苦手と思う学生もいるかもしれません。そのような際、スタッフの誰かが上手に対応してくれると助かります。

　閉鎖的で同一的になりやすい小さな社会ですから、スタッフの個性は違っていた方が対応力の幅が広がります。

5 大学等の対応 — 予防と対策 —

1 執行部の役割

　キャンパスにおけるハラスメントを防止する際、最も重要なのはトップ（理事長、学長等）の意思と管理職の意識であるといっても過言ではありません。もし、管理職がこの問題を軽視していたら絶対に問題はなくなりませんし、解決しません。人権問題をないがしろにした結果、被害者が出た場合、報道や訴訟によって大学等の意識は厳しく問われますし、問題への対応に誠意がない場合は、さらに大学等の社会的評価は低下します。

　今、大学等は教育の質、課外活動や部活動の指導のしかた、研究上の倫理など、あらゆる活動の倫理観が問われています。

　様々な背景を持った学生や教職員に平等に接するには、高い倫理意識や柔軟に指導を考える姿勢が必要になってきています。

2 大学等が行うべき措置

●「ハラスメントを許さない」という方針の明確化

　前述のとおり、ハラスメント対策で最も重要なのはトップ（理事長、学長等）の意思の明確化です。大学等はハラスメントをどのように捉え、それに対してどのような姿勢でのぞむのかを明言することです。言い換えれば、高い倫理観を持ち、ハラスメント問題に取り組むという強い意思表示をし、それを学内に周知徹底するということです。キャンパス内で起きてはならないハラスメントを明確化し、周知することが大切です。

　就業規則の他、「ハラスメント防止規程」「ガイドライン」「懲戒規定」等の学内における規律を定めた文書、学長宣言などを教職員・学生等に周知し、それに基づいた啓発活動を行う必要があります。規程は、法律や指針の改定に合わせて逐次見直しましょう。

●定期的な啓発研修の実施

　キャンパスにおけるハラスメントは、誰もが行為者、被害者になる可能性があります。いったん、ハラスメント問題が生じると、人の健康が阻害され、場合によっては人命に関わる問題に発展することもあります。被害者・行為者とされた者以外に、周囲にいる者も辛く苦しい思いをします。関わった人達も悩みをかかえ、場合によっては周囲の人々の意欲も削がれていきます。それが長ければ数年に及ぶこともあります。当然、研究・教育活動はうまくいきません。

　その発生を防止するためには、ハラスメントを理解し、防ぐ必要性を周知することが何より必要です。講演会、研修会を継続的に開催し、構成員の意識を高めることが大切です。

　大学等の構成員はしばしば変化していきます。新しく教員になった者や管理職になった者が、何に気をつけて指導をしていったらいいか、学ぶ機会をできるだけ多く設ける必要があります。特に管理職研修は非常に重要です。管理職の考えや行いは、そのもとで指導や仕事を行う者に大きな影響を与えるからです。さらに、新任教職員の研修も、未然に問題を防ぐ効果があり、とても重要です。今まで博士課程の学生であった人が教員やスタッフになった場合は、自分が運営側の責任を負う事を自覚してもらう必要があります。特にセクシュアルハラスメントは、新人の懇親会の後に起きたりします。職場でセクシュアルハラスメントが生じると、その後の職場での生活は非常に苦しいものとなります。

　このように、立場に応じた細やかな研修が必要です。

　研修は、全教職員が参加することが求められます。しかし、「ハラスメントの研修」と聞くと、自分が聞く必要はないと考える人もいるのが現状です。重要な議題があり教員が全員参加する可能性の高い教授会の時間を利用する、講演会で出欠を取り、欠席の場合はDVD受講を義務づけるといった工夫が必要となります。

eラーニングを行い、いくつかの設問に答えてその提出を義務づけるといったこともできます。そのような工夫から全学の教職員に周知されることが大切です。

　さらに部局、管理職、新任教職員それぞれを対象とした研修にハラスメント防止のプログラムを盛り込むことにより、より細かい留意点を伝えることができます。

　大学等は、それぞれの建学の理念や学生数による規模、扱っている専門分野などによって、個々に異なる特徴があります。研修を実施するにあたっては、自校でどのようなハラスメントが起きているのかを、定期的（毎年、または隔年毎など）に継続して実態調査を行い把握することが重要です。

●二次的被害の防止

　教職員一人ひとりに対し、「被害者から相談を受けたら、どのような対応が可能であるか、またどのような対応は避けるべきであるか」を周知しておくことが必要です。この問題は、教職員の人間観や正義感で解決するのではなく、大学等が責任を持って対応すべき問題だからです。

　相談者が相談したことにより、より一層苦境に陥ること、さらにひどい人権侵害にあうことをセカンドハラスメント（二次的被害）と呼びます。多くの大学等のハラスメント防止規程では、二次的被害を起こしてはならない旨が定められています。

　相談された内容を広めて周囲や行為者に知られ、被害を拡大させないこと、被害者を責めるような発言をしてより苦しめることがないこと、問題を放置したり、被害者の望まない解決に乗り出したりしないことなどを徹底しておく必要があります。また、その問題がハラスメントに当たるかどうかを判断するのは大学等です。私見を大学等の判断のように誤解されると被害者も相談を受けた者も苦悩する可能性があります。話を十分聴きつつも適切な相談ルートに導く必要があります。

●相談窓口の設置と周知

　キャンパスにおいてハラスメントが起こった場合の迅速な対応策や適切な相談体制をあらかじめ準備しておくことは、未然防止策としても役立ちます。そのためには、相談を受け付ける窓口を設置するとともに、誰からも窓口が分かりやすいように周知をすることが必要です。形式的に窓口を作り、相談方法が分からないようなことがあってはなりません。①窓口の受付時間②具体的な連絡方法（電話番号・URL/メールアドレス、相談場所など）を様々な方法で周知徹底します。

　また、相談においてはプライバシーが保護され、本人の了解なく他者に聞かれることはないこと、相談によって不利益が生じる（人事査定や成績・進路など）ことはないことを保証することによって、安心して相談できる環境を作ることも重要です。

　相談窓口は、問題に対し誠意を持って聴くことがその役割となります。窓口対応をする者は、安心して話してもらえるよう傾聴する姿勢が大切です。そして急いで対応した方が良いことに対しては早急に対応し、慎重に経緯を見守るべきことには、継続して関わり、解決に向けて共に考える姿勢が必要です。また、大学等としてとれる問題解決へのフローを相談者に示すことも大切です。

近年留学生の数も増加しています。留学生にもわかりやすい英語での窓口周知や英語対応のできる相談員の配置も必要となります。通訳をつける場合には通訳にも守秘義務を守ってもらう約束が必要です。

●事後の適切な対応

大学等は、ハラスメントの相談があった場合、その事案の事実関係を迅速かつ正確に確認し、被害者、行為者に対する適正な対策を講じなければなりません。また、当事者間の主張に不一致があり、事実確認が十分にできない場合には、第三者からの聴取も必要となります。

状況に応じて、被害者と行為者の関係改善に向けての援助、配置転換、行為者の謝罪、被害者の労働条件上の不利益の回復、メンタルヘルス不調への相談対応などの措置も講じる必要があります。さらに、行為者に対する処分等の措置を適正に行うことや、再発防止策を講じておく必要があります。

●ハラスメントの原因や背景となる要因の解消

実際にハラスメントに対し、適切な対応を行ったとしても、その原因や背景となる要因を解消しなければ、再度問題が起きる可能性があります。

当事者に対する教育・研修はもちろん、現場の状況を確認し、風土の改善等の環境整備を行う必要があります。また、改めてこれまでの取組みを見直し、必要に応じて学内規定の周知や改訂、学内での啓発活動などを実施しましょう。

3 具体的な相談対応のしかた

●相談の開始時の留意点

　面接は原則として相談員二人で対応します。一人で対応していると、相談員が個人的に問題を抱え込みやすくなります。ここはあくまで大学等が対応を行うという姿勢を貫くためにも、複数で対応します。三人以上になると相談者が負担を感じる可能性があります。

　できれば相談員は性別が異なっていたり年齢が違っていたりと多様性がある方が柔軟な相談の受け止め方ができる可能性があります。例えば、男性のセクシュアルハラスメントの被害者は、女性の相談員には話しづらい場合もあります。もし大学等の規模が小さく、なかなか人数を確保しづらい場合は、学内のカウンセラーや精神科医等の協力を得る方法もあります。

　相談を受ける場所としては、**他者に話を聞かれない部屋を確保する**ことが重要になります。広いスペースの一角をパーティションで区切っただけといった場合は、相談者が安心して話すことができません。

　特定の部屋を確保できない場合は、小会議室を借りるなどして、話が漏れない工夫が必要です。

●あらかじめ話ができる時間枠を伝える

　相談者には、あらかじめ相談できる時間枠を伝えることが大切です。それによって、相談者は話を組み立てることができます。伝えていないと、話を途中で中断することになり、相談者は相手にされなかったと勘違いすることもあります。話が時間枠内で終わらなかった場合は、改めて続きを聴く時間を設定します。

●安心して相談できる話し方の工夫

　相談者は、不安な中、相談に来ています。まずは相談に来てくれたことや悩んでいることを労い、**一緒に問題を解決していく姿勢**で話を聴きます。小さな声で話す相談者に大きな声で質問すると、それだけで脅威に感じる場合があります。できるだけ相手に話のペースを合わせるようにするだけで、相手の負担は減り、話を聴いてもらっているという安心感につながります。

ここで重要なのは相手が話したいことを話してくれることです。決してその問題がハラスメントなのかどうか判断することではありません。同じ内容を聴いても、人の主観では重大な問題に思えたり、ハラスメントには思えなかったりします。しかし、その判断は相談員がするものではありません。

● 事実関係の確認と次回の約束

　最後に、事実関係の確認をします。**相談員が聴き取ったことを話し、相談者に確認します**。もし間違っていたらその場で修正します。今すぐ申し立てをして、調査をしてもらいたいのか、まずは話をしたかったのか、そのような確認ができれば「話したのに対応してもらえなかった」というような残念な行き違いを避けることができます。

相談員 NG ワード

「嫌な時は嫌と言えば良かったじゃない？」
「言われる方にも問題があるんじゃないかな？」
「気にし過ぎですね」
「大ごとになると君が困るよ」
「根性が足りない」
　⇒ これらは全て、被害者を責める発言になります

「研究室なんてそんなものだよ」
　⇒ 一般化して話を聞かない

「それはアカハラだからきっと行為者は罰を受ける」
　⇒ 判断に関わる断定的な発言をする

　こうした相談を的確に行っていくために、相談担当者は研修などを定期的に受講し、必要なスキルを身に付け、ブラッシュアップしていくことが重要です。

ハラスメント被害の解決方法

ハラスメント被害者は、誰もが必ずしも行為者への調査・措置を望んでいるわけではありません。そのような場合に、大学等がとることができるハラスメント解決の道は、以下のようなものがあります。

●相談機能による解決

ひとつは、先に述べた相談機能です。被害者は一人で悩んでいることが多く、初めて他者に相談したことによって、自らとりうる解決法を思いつく場合や、荷が軽くなり、相談しつつ問題に対処できるようになる場合があります。相談者がしばらく相談に訪れながらも自分で解決したいと願った場合は、守秘義務を守りつつそれを見守ります。被害を受けた人が、この問題を自分なりに整理し、今後のあり方を考えるための貴重な時間となります。

●第三者の調整による解決

今のままでは困るが、申し立てを行うのはやりすぎのようで気が進まない、自分は環境を変えたいだけで相手を罰したいわけではない、といったような場合には、適切な第三者に入ってもらい、問題解決に協力してもらう方法があります。

例えば、指導教員の暴言に耐えられないので、研究室を変えたい、行為者と顔を合わせないよう配慮してもらいたいといった場合、その専攻の長や信頼できる立場の人に環境を調整してもらいます。様々なミスマッチを想定して指導体制を柔軟に変えられるよう、あらかじめ取り決めがあると、このような対応がスムーズにできます。

また、被害者が調整担当者と話す際は、非常に緊張する場面となります。調整担当者になった場合は、高圧的にならないよう、ゆっくり落ち着いた話し方をすると、被害者は安心します。

●通報等による解決

被害者が氏名を明かさず、匿名のまま加害的立場の者の上司や専門部署に、「問題が起きている」ということを通報することがあります。

この方法の良い点は、被害者が誰かということを知らせずに、注意をすることができる点です。調査委員会のように時間をかけずに、まずは注意することができます。一方で、通報をしても取り上げてもらえる保障はないので、状況が変わらない可能性もあり

ます。また、二次的被害が起きないよう注意が必要です。

　被害者が学内のハラスメント対策委員会による正式な協議を望む場合は「申し立て」に進みます。申し立ての手順については次項を参照ください。

5 被害者が申し立てを行う場合

　被害者が学内の機関に正式な申し立てを行う道を選択した場合は、各々の大学等によって決められた手順がありますが、ここではその一例を紹介します。

　まず申立手続きの担当者は、被害者に所定の申立書を書いてもらいます。内容的には、

　　①被害者
　　②行為者とされる者
　　③被害の内容
　　④被害者のこれまでの対応
　　⑤被害者の心身の状態
　　⑥被害者はどのような解決を望むのか

　といったことを記載します。この際、その後の対応を協議する組織体（ハラスメント対策委員会等）が事案の内容を把握しやすいように留意します。担当者は、申立書を、所定の担当部署に提出し、担当部署は、速やかにハラスメント申し立てについて調査が進むようにします。

●調査委員会による事実確認

　申し立てがなされたら、申し立て内容の詳細を確認することになりますが、通常、客観性を担保するために独自の調査委員会を設置します。調査委員会は、多くの大学等でハラスメント予防のために設置しているハラスメント対策委員会が主導して対応することが通例です。

　被害者本人から聴き取りを行う際は、**多人数で本人を取り囲むといったような、本人が脅威と受け止める事態を避けるよう、配慮が必要**です。そして、**行為者として申し立てられた人からも事情を聴きます**。必要な場合は被害者の周囲の人からも慎重に話を聴き、できるだけ正確に事実を明らかにしていきます。またその際、申し立てをしたこと

や証言をしたことで、被害者や証言者に不利になる行いをしないよう配慮を求めます。二次的被害の防止が規程にあるとその論拠を示すことができます。

調査委員会は、できるだけ公正に判断を下すため、学外の第三者や法律家、利害関係のない他専攻の教職員を入れるなど、公平な判断を行うよう努めます。**ハラスメントに関する情報は個人情報として適切に扱い、協議の間やその後も内容を他者に漏らさない**ことが重要です。

なお、事案により、正確かつ慎重に時間をかけて事実確認をした方が良い場合と、被害者の保護措置を優先した方が良い場合があります。

被害者の健康状態や喫緊の課題を第一に考えながら、被害者の保護と調査がバランスよく行われることが、問題の最善の解決へとつながります。

●事実関係確認後の対応

　ハラスメントの事実が確認できたら、就業規則に基づき、行為者に対し懲戒その他の措置が講じられます。

　併せて、事案の内容や状況に応じ、被害者と行為者の関係改善に向けての援助、行為者の謝罪、配置転換などを行います。行為者が指導教員の場合、他に指導者がおらず、専門領域の研究室から離れることが難しいという問題がありますが、できるだけ被害者と接触がないように配慮します。指導に誰か別の教員が同席する等して、被害者と二人きりにしない対応を行うこともできます。学生にゼミを移ってもらう、他大学等の教員に支援をしてもらうという対策を取る場合には、学生の意思を十分に確認し、尊重する必要があります。

　被害者の精神的苦痛が落ち着くには時間がかかります。たとえ、処分が下り、安全な指導が再開されたからと言って、直ぐに立ち直れるとは限りません。**処分後も、監督的立場にある学科長、学部長などが目配りをし、当事者間の様子を見守る必要があるでしょう。**

［資料１］ 大学等の懲戒事例

① 教員の行為がセクシュアルハラスメントとされ処分された事例

処分　停職６カ月

男性准教授がゼミの女子学生とアジア地域に調査旅行した際、宗教施設や宿泊施設の同じ部屋で13泊した。学生はいやだったが、「先生が不機嫌になると思い、仕方ないと自分に言い聞かせた」と証言。これに対し准教授は「同室の方が安く安全」と説明した。

② セクハラ・アカハラにより処分された事例

処分　停職３カ月

男性教授は女子学生と２人で夕食後、車中で「キスして」と言った。また別の女子学生が居酒屋のアルバイトで客の呼び込みをしているのを見かけ、アルバイト自体に問題はないのにもかかわらず「大学で処分を検討している」「退学になる可能性もある」と複数のメールを送った。

③ アカハラによる自殺事例

処分　大学の注意義務違反

ゼミの男性講師はLINEで「稚拙すぎます」などと否定・叱責する言葉を繰り返し送信。深夜や未明に送っていたケースもあった。男子学生は遺書を2回書いたと言い、第三者委はアカハラで精神的に追い込まれたと判断。講師の責任を認め、大学の注意義務違反も認定した。

④ 悪質で不適切な言動を繰り返したとして諭旨解雇の事例

処分　諭旨解雇

男性教授は学生に就職の内々定を出した企業に取り消させるため連絡を取ろうとしたほか、内々定先の企業の採用責任者に学生の情報を話し、学生や卒業生らを登録したメーリングリストを使って学生に不安を与えるメールを送った。また、学生に研究室の仕事を優先させるため、１時間以内に予定されているインターンシップの打合せをキャンセルするよう命じたと受け取れるメールを送るなどした。

43

［資料２］ 裁判例

① 論文盗用、改ざんで懲戒処分に至ったケース

（大阪地裁　平成30年5月16日）

医学部の教授が、指導していた院生の修士論文を盗用し数点の改ざんを加えた上で、自身の成果として公表したことに関し、院生の名誉および信用を傷つけたとして懲戒解雇された。教授はこの解雇が違法無効であると主張して、労働契約上の地位の確認と解雇後の賃金、遅延損害金の支払いと、不法行為に基づく損害賠償請求として慰謝料の支払いを求めたが、裁判所は、解雇は有効であり、違法な点は認められないとして請求を却下した。

② 暴言で処分に至ったケース

（神戸地裁　平成29年11月27日）

指導教授が院生に対して、当教授の添削を受けた質問紙に基づいて収集したデータの廃棄を理由なく指示したり、「おばさん」と呼んだり、「あんたは発達障害だよ」、「地獄を見ろ」などと侮辱した。このことから院生はゼミの変更を余儀なくされた。大学側もハラスメントを把握しながら適切な対策を講じなかった。判決は「教授は院生を侮辱し人格を著しく傷つけた」とアカデミックハラスメントに該当するとした。大学には「安心して研究活動に取組める環境整備を怠った」とし、元教授と大学に143万円の支払いを命じた。

〈判決文の中から抜粋〉

指導教授による学生に対するアカデミックハラスメント行為は、指導者である教授が、学生の単位や卒業の認定、論文の提出の許可などについての強い権限を持つという圧倒的な優位性に基づき、学生に対して行われる暴言、暴力や義務なきことを行わせるなどの理不尽な行為をいい、研究室の閉鎖性・密室性ゆえに発生するものである。具体的な例としては、学習や研究活動の妨害、卒業や進級の妨害、指導の放棄、指導上の差別的な取扱い、研究成果の収奪、暴言や過度の叱責、誹謗中傷、私用の強制、プライバシー

の侵害などが挙げられる。そしてこれらの行為は、学生の人格を傷つけるとともに、学習環境を悪化させることで、学生の学習、研究活動の権利を奪う違法なものである。

③ セクハラによって受けた処分を不当として、行為者が訴えたケース

（東京地判　平成27年6月26日）

　原告Xは、C大学において教授として勤務していた者であり、被告Yは、C大学を設置する学校法人である。Xは、女子学生A及び女子大学院生Bに対し、抱きつき行為、多数のメール送信、身体的接触行為といったハラスメント行為をしたことを理由にC大学から解任決議を受け、これに基づきYがXを解任したところ、Xは解任の無効を主張して、Yに対し、地位確認及び賃金の支払いを求めた。

　女子大学院生Bに対するハラスメント行為についてはXからBに対する各行為により、Bが屈辱感、不安感、失望、絶望等を抱える内心状態に至っていること。女子学生Aに対するハラスメント行為については、Aは、Xの行為により、手足が震えて硬直するなどの身体症状を来しており、さらに、卒業間際になって、同じ大学院の別の研究室に進路変更せざるを得なかった。そうすると、XのBとAに対する各行為は、C大学におけるハラスメント防止に関するガイドラインにおけるハラスメントやセクシュアルハラスメントの各定義に該当することは明らかであると認定し、解任は有効とした。教授側からは被害女性と恋愛関係にあったという主張がなされたが、裁判所はそれを排斥した。

④ 相談員の対応が守秘義務違反等に問われたケース

（名古屋高裁　平成18年9月8日）

　男子大学生が、指導教員より性的な質問やからかいを受け相談員に相談したところ、本人の了解なしに、相談員が大学に内容を広め、自己判断で申立書を作成した。学内調査のなかで、本人の了解がないことがわかった。さらに調停委員から、被害者の性格にも問題があると取られる発言があった。学生は、ただ相談しただけなのに勝手に情報を広められ、調査で二次的加害に当たる発言を受けたとした。判決は、大学に慰謝料として80万円の支払いを命じた。

[付録] キャンパスにおけるハラスメント度 チェックリスト

パワーハラスメント／アカデミックハラスメント編

質問

1	学生や部下が失敗すると、ついつい大声で怒鳴ったり、長時間叱責してしまう	□することがある □しない
2	他の職員や学生がいる場所で、学生を叱責する	□することがある □しない
3	学生がなかなか授業内容を理解しないと「大学生とは思えない」「早く大学を辞めた方がいい」などと言う	□言うことがある □言わない
4	「お前のようなやつは、卒業させてやらないぞ！」と言う	□言うことがある □言わない
5	多少の徹夜はしょうがない。そこまでやらない学生は意欲がないと思う	□そう思う □そうは思わない
6	若手の研究者は、今までの恩があるので、論文には常に指導者の名前を掲載するべきだ	□そう思う □そうは思わない
7	担当している学生が自分以外の教員に質問したり、助言を受けるのは不愉快だし、我慢ならない	□そう思う □そうは思わない
8	研究室に所属してもらうまでは、やさしくするが、一度所属したら、どこまでも厳しくし、指導に従ってもらう	□そう思う □そうは思わない
9	研究は、研究室の財産なので、学生のアイデアであっても指導教員の名前で発表してかまわない	□そう思う □そうは思わない
10	忙しくてあまり研究室に顔をだせないが、大学院生は自分で勉強・研究するべきで、教員はあれこれ言うべきではない	□そう思う □そうは思わない

解説

1. 学生への感情的または過度な叱責は、それが必要な指導の範疇を超えると、パワーハラスメントになります。一般に、教員は、研究に対する熱意があり、長時間の論議を苦にしない傾向があります。問題点は静かに過不足なく伝えましょう。大声を出す、物を投げる、椅子を蹴る、大きな音で机をたたく等はやめましょう。

2. 叱り方を考えましょう。大勢の前で叱責すると学生はショックを受けて、言われていることを考えられなくなります。
直すべき点を静かに伝え、相手の言い分も聴きましょう。

3. 相手の人格・存在を否定するような言動を慎みましょう。

4. 「卒業させてやらない」は学生にとって非常に恐怖になり、不安を起こします。そこから病気になる場合もあります。するべきことを的確に伝えましょう。

5. 睡眠不足は、ミスを誘発し思わぬ事故の原因となります。学生やスタッフの健康を守る責務があります。

6. 関わっていない研究について、共同執筆者とすることを強いるのは、研究倫理に抵触します。

7. 学問の自由は尊重されるべきです。学生が様々な刺激を受け成長することは、やがて研究室の後輩のためにもなります。学生の成長したいという気持ちを大切にし、悪しき縄張り意識は捨てましょう。

8. 研究室に所属するまでに約束していた研究テーマや在室時間の決まりを、配属したとたん反故にし、問題になるケースがあります。

9. 例えばディスカッションの中で生まれたテーマやアイデアなどは、誰のものであるか不確かな場合もあります。なるべく話し合う機会を増やし、行き違いがないように、アイデアを出した人の権利を保障しましょう。

10. 学費をとっているにもかかわらず何も指導しないことも権利侵害になります。指導をしないばかりか学生の出席状況も把握できていない教員は問題です。

セクシュアルハラスメント／マタニティハラスメント編

質問

1	職場で、性的な冗談を言ったり、「恋人はいないのか？」等の質問をする	□することがある □しない
2	「結婚しないのか？」「子どもはつくらないのか？」等と質問する	□することがある □しない
3	宴会の席で、隣に座ることや、お酌やデュエットを強要する	□することがある □しない
4	ゼミや職場の記念写真で、気に入った異性や部下を隣に立たせる	□することがある □しない
5	授業を受けている学生の中で気に入った学生の個人的な連絡先を聞き、食事に誘う	□することがある □しない
6	大学生は大人だから、教員と飲食をともにしたくなければ、断るであろう。OKするのは、好意があるからである	□そう思う □そうは思わない
7	発表や報告がうまくいったら異性であっても、ハグしてほめてやる	□することがある □しない
8	妊娠したら、学生、教職員やスタッフは、辞めるべきであると思う	□そう思う □そうは思わない
9	育休を男性が取るなんて厚かましいと思う	□そう思う □そうは思わない
10	自分の部下やゼミの学生に同性愛者がいたら、ここだけの話としてみんなに伝える	□そうする □そうしない

解説

1. その場を楽しくするため、ある程度性的な冗談は許されると思っている人がいます。しかし、このようなことが苦痛で、登校・出勤できなくなる人もいます。このようなケースを環境型セクシュアルハラスメントと言います。職場や研究室を明るくする方法はほかにもあります。

2. 職場で「女性・男性はこうあるべき」等の考えに基づいたプライベートな質問や「結婚しないと一人前ではない」といった発言も環境型のセクシュアルハラスメントになります。

3. 自分の気に入った人だけを周囲に座らせる、特定の人にだけ好意を露骨に表すといった行為は、部下は断りづらいですし、職場の健全さが失われていきます。全ての人が働きやすい、学びやすい場の維持が必要です。

4. 直接的な性的言動ではありませんが、セクシュアルハラスメントの原因になります。「先生や上司が特定の異性を気に入っている」という認識を学生や職員に与えます。また、それが許される職場であるということになります。性別や個人の好みにかかわらず、学習・研究・職場の仲間として認識することが大切です。

5. セクシュアルハラスメントは、一般に知られてきましたが、未だにこのような行為を繰り返す教員がいます。アメリカでは教員にお気に入りの学生がいるだけで罪に問われる場合があります。成績上の不公平につながるからです。

6. 指導を受ける学生と指導する教員との間には立場の差があるため、はっきり断れない可能性があります。「断らない」は必ずしも「承諾」ではありません。学生は成長途中にあり、このような事態への対応に慣れていません。不要な悩みを増やすことになったり、複雑な思いから登校できないといった不利益を生じさせることになります。

7. 相手を直接触る行為は、同性・異性にかかわらず極力避けるべきです。善意であればあるほど学生は困惑し、嫌という感情表現ができなくなります。それを見ている周囲も嫌な気持ちになり相談に訪れるケースもあります。

8. 子どもを生み、育てることを「迷惑」と捉える考え方が今の人口減少の原因の一つでもあります。出産・育児の休業を安心して取れる職場環境や人員配置がなされるよう環境を整備する必要があります。海外では子育てしながらの学生生活も普通であるため、学生が子どもを連れて研究するキャンパス環境の整備も急がれています。

9. 一単位の家族の人数が減少した今、夫婦が協力しないと子育ては成立しません。男性が育休を取りづらいとしたら、大学等がそのような風土を改善する必要があります。

10. 性的マイノリティは、約10％存在するという調査結果があります。同性愛の人が身近にいても不思議ではありません。たとえ、本人がそれを認めていても不用意にそれを広めてしまうと、差別や好奇の目に晒され、本人に不利益が生じることは十分考えられます。このアウティングと呼ばれる行為は、職場におけるパワーハラスメントの3つの要素（14ページ参照）を満たす場合には個の侵害に当たり、こうした行為によって自殺を招いたケースもあります。情報発信源にならないよう十分留意しましょう。

改訂版
キャンパスにおけるハラスメント防止ハンドブック

2019年１月　初版発行
2020年４月　二版発行
2021年11月　三版発行
2023年12月　四版発行

編集・発行　公益財団法人　21世紀職業財団
　　　　　　〒113-0033　東京都文京区本郷1丁目33番13号
　　　　　　電話　03-5844-1660　(代)

　　　　　　https://www.jiwe.or.jp

©2019公益財団法人21世紀職業財団

ISBN978-4-910641-03-4 C2037 ¥500E

＊本書の無断複製・転載を禁じます。

9784910641034

1922037005003

ISBN978-4-910641-03-4

C2037 ¥500E

定価550円（本体500円+税10%）

公益財団法人　多彩な力が活きる社会に　21世紀職業財団

18A03-04

緊急出版！

新型コロナ必勝法
― 敵は空中にあり！

空中にコロナウィルスがいるからこそ、
クラスターが発生する！

浅輪 喜行

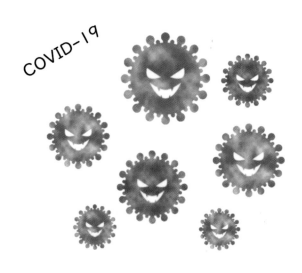

COVID-19

竹林館